AF645406

Liebe Bastelfreunde, leider ist uns auf Seite 37 (46, 47) leider ein Fehler unterlaufen und es wurden falsche Bilder zugeordnet.
Hier findet ihr nun die richtigen Fotos. Wir bitten vielmals um Entschuldigung!
Viel Spaß beim Basteln

# NACHHALTIGE KERZENSTÄNDER

*Bunt und dekorativ verschönern sie jedes Zuhause.*

***Das brauchst du:***

- ✓ Schere
- ✓ Acrylfarben
- ✓ Lineal
- ✓ unterschiedlich große Milchdeckel
- ✓ Stift
- ✓ Pinsel/Schwammpinsel
- ✓ Kerzen
- ✓ leere Küchenrolle
- ✓ evtl. Goldlack
- ✓ Heißkleber
- ✓ Mini-Joghurtbecher

Liebe Bastelfreunde, leider ist uns auf Seite 37 (46, 47) leider ein Fehler unterlaufen und es wurden falsche Bilder zugeordnet.
Hier findet ihr nun die richtigen Fotos. Wir bitten vielmals um Entschuldigung!
Viel Spaß beim Basteln !

1. Kopiere die Vorlage für Katze oder Hund von Seite 134 und klebe sie auf ein Stück Karton. Schneide das jeweilige Motiv dann entlang der Linie aus. Die kleinen gestrichelten Linien schneidest du bitte auch ein.

2. Nimm nun ein Stück Wolle und wickle den Faden von rechts nach links, wobei du ihn jeweils in die Einschnitte klemmst. Anschließend verknotest du den Faden auf der Rückseite.

3. Als Nächstes nimmst du eine andere Wollfarbe und wickelst von oben nach unten. Verknote den Faden ebenfalls auf der Rückseite. Schneide nun 3 kurze Fäden einer anderen Farbe ab und verknote sie, wie abgebildet, sodass Schnurrhaare entstehen.

4. Aus Filzresten kannst du jetzt Ohren und Bäckchen ausschneiden. Die Augen kannst du ebenfalls aus der Vorlage ausschneiden oder auch Klebepunkte aufkleben.

Liebe Bastelfreunde, leider ist uns auf Seite 37 (46, 47) leider ein Fehler unterlaufen und es wurden falsche Bilder zugeordnet.
Hier findet ihr nun die richtigen Fotos. Wir bitten vielmals um Entschuldigung!
Viel Spaß beim Basteln !

5

6

7

5. Wiederhole die Arbeitsschritte von Punkt 1 mit der Namensschild-Vorlage und schreibe den Namen des Tieres drauf.

6. Klebe das Namensschild von hinten an den Tierkopf. Stanze danach Löcher zum Aufhängen an den Kopfrand und fädle ein Stück Garn durch.

7. Klasse, nun sind die tierischen Türschilder fertig zum Verschenken.

**Tipp: Mit dieser Wickeltechnik kannst du auch eigene Tierköpfe gestalten, wie z. B. Hamster oder Mäuse. Bestimmt fallen dir noch mehr Tiere ein, für die du Türschilder basteln kannst.**

Yvonne Skowronek
@skoy_me

ab 4 Jahren

# Das große GESCHENKE Bastelbuch für Kinder

Nachhaltig schenken zu jedem Anlass

CV

# INHALT

GANZ
VIEL
GLÜCK!

# MIT LIEBE SELBST GEMACHT …

… das ist das Motto dieses Buches, denn selbst gemachte Geschenke sind die tollsten und sie sind vor allem unbezahlbar! Eigentlich komisch, denn sie kosten ja viel weniger als die gekauften.

Ich zeige dir 30 kreative Ideen rund ums Schenken, wofür du hauptsächlich Materialien benötigst, die bestimmt irgendwo bei dir zu Hause schlummern, wie Verpackungskarton, Milchdeckel, Kronkorken, Wollreste und vielerlei mehr. Die bebilderten Anleitungen sollen dir dabei helfen, meine Geschenkideen ganz leicht nachzubasteln. WICHTIG! Mach dein eigenes Ding daraus und designe deine Geschenke, wie es dir gefällt.

Im Übrigen habe ich mir die Bastelprojekte natürlich nicht alle alleine ausgedacht. In meinem kleinen Kreativ-Atelier in München steht mir ein ganzes Team zur Seite!

Darf ich vorstellen (von links nach rechts):

**Helga** – Empfangsdame seit vielen Jahren, immer freundlich und gut gelaunt

**Franz-Joseph** – Kreativ-Chef im Bereich »gut zuhören« (spricht wirklich NIE dazwischen!)

**Gertrud** – Security-Fachangestellte, pikst jeden, der ihr oder mir zu nahekommt.

Außerdem arbeiten auch noch wichtige Hilfskräfte in meinem Atelier:

**Rudi** – gelernter Stiftehalter

**Anne-Kanne** – zuständig für die Aufbewahrung von Krepppapier

Ich hoffe, ich kann dich ein wenig inspirieren und wünsche dir gaaaaanz viel Spaß und Freude beim Geschenkebasteln!

Wenn du noch mehr Ideen brauchst, besuche mich gerne auf Instagram: https://www.instagram.com/skoy_me

deine Yvonne

Übrigens, die Bastelanleitungen in dem Buch sind gut mit Schritt-für-Schritt Anleitungen erklärt, sodass du das Meiste ganz alleine basteln kannst. Bei einigen Bastelarbeiten benötigst du allerdings die Hilfe eines Erwachsenen. Diese sind mit dem »Lass-dir-helfen!«-Sticker gekennzeichnet.

# GESCHENKE FÜR DIE GANZE FAMILIE

SCHWESTER
OMA
MAMA
OPA
PAPA
HUND
BRUDER
TANTE
KATZE

# KUNTERBUNTER EIERKARTON-BLUMEN-STRAUSS

*Hättest du geglaubt, dass aus einem simplen Eierkarton ein so tolles Geschenk entstehen kann?*

***Das brauchst du:***

- ✓ leeren Eierkarton
- ✓ Acrylfarben
- ✓ Schere
- ✓ Pinsel
- ✓ dünne Ästchen
- ✓ etwas Zeitungspapier
- ✓ Heißkleber

1. Löse das Etikett vom Eierkarton ab und schneide vorsichtig zuerst die mittleren »Hütchen« heraus und danach die Eiermulden.

2. Du kannst den ganzen Eierkarton für deine Blüten nutzen. Schneide die Einzelteile, wie auf dem Foto, in Form.

3. Bemale die Blumenelemente nun mit deinen Lieblingsfarben und lass sie trocknen. Vergiss nicht, auch die Ästchen und Blätter grün anzumalen.

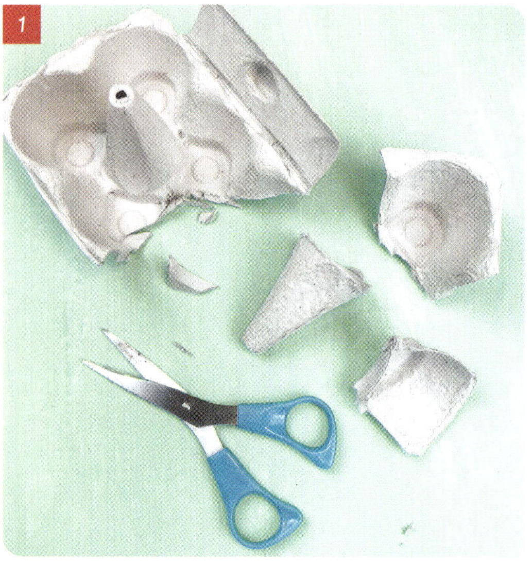

4

4. Reiße etwas Zeitungspapier in kleine Stücke und zerknülle diese. Stecke nun 1–2 der Papierkügelchen in einen bemalten Blütenkelch, bevor du einen weiteren Kelch hineinsteckst. Die Kügelchen dienen als »Abstandshalter«.

5. Klebe dann die einzelnen Blütenblätter zu einer ganzen Blüte zusammen. Lass dir mit dem Heißkleber helfen.

6. Füge schließlich alle Einzelteile zu Blumen zusammen, ganz so, wie es dir gefällt. Klebe den Stiel von unten an die Blüte und befestige noch die Blätter daran.

5

6

# FÜR BESONDERE SCHÄTZCHEN!

Aus einem leeren Cremedöschen lässt sich spielend leicht eine edle Geschenkschatulle zaubern.

***Das brauchst du:***

- ✓ Lineal
- ✓ Filzreste
- ✓ Stoffreste
- ✓ leeres Cremedöschen
- ✓ Kleber
- ✓ Bleistift
- ✓ Schere
- ✓ Pompons, Pailletten, Borten etc. zum Verzieren

1. Lege den Deckel deines Cremedöschens auf die Rückseite des Stoffes und umfahre ihn mit einem Bleistift. Schneide den Kreis anschließend aus.

2. Klebe den Stoffkreis auf den Deckel. Miss dann mithilfe eines Lineals die Höhe der zu beklebenden Fläche des Cremedöschens.

3. Schneide den entsprechend abgemessenen Stoffstreifen aus und klebe ihn um das Döschen herum.

4. Schneide ein rundes Stück Filz aus und lege es als Polsterung in das Döschen. Nun kannst du deine Schatzschatulle nach Belieben verzieren.

HAPPY

# MEIN KLEINER GRÜNER KAKTUS …

Selbst gemachte Kartoffelkakteen sind das perfekte Geschenk. Man muss sich gar nicht um sie kümmern und sie piksen nicht. Unsere Kartoffelkakteen haben fast drei Monate gehalten, viel länger als ein Blumenstrauß.

**Das brauchst du.**

- ✓ alte, keimende Kartoffeln
- ✓ Acrylfarben
- ✓ Schaschlikspieße
- ✓ Pinsel/Schwammpinsel
- ✓ alte Joghurtbecher
- ✓ Eierkarton
- ✓ kleine schwarze Linsen/Bohnen
- ✓ Zeitungspapier oder Küchenrolle
- ✓ Pompons, Borten etc. zum Verzieren
- ✓ Heißkleber
- ✓ optional: Stanzer und buntes Papier
- ✓ optional: Knete

1. Stecke deine Kartoffel auf einen Schaschlikspieß, mische dir dann dein Lieblingsgrün und male die Kartoffel damit an. Sei vorsichtig mit den Trieben, denn sie brechen leicht ab.

2. Zum Trocknen kannst du deine aufgespießte Kartoffel in die Mitte eines Eierkartons stecken.

3. Währenddessen nimmst du einen leeren kleinen Behälter zur Hand, schneidest ihn, wenn nötig, in Form und bemalst ihn mit Farbe. Besonders gut geht das, indem du die Farbe mit einem Schwammpinsel auftupfst.

4. Nimm als Nächstes ein Stück Knete, drücke es in deinen bemalten Behälter und stecke deine aufgespießte Kartoffel hinein. Vorher solltest Du den Spieß etwas kürzen. Stopfe dann auch noch zerknülltes Zeitungspapier oder Küchenpapier hinein und fülle das Ganze mit den schwarzen Linsen/Bohnen auf.

5

6

5. Nun kannst du den Behälter und deinen Kaktus mit Pompons, Borten, zerknüllten Papierkügelchen etc. verzieren.

6. Sieh nur, wie schön alte Kartoffeln mit etwas Farbe und Pompons sein können.

# FLASCHENVASE ODER VASENFLASCHE? DAS IST HIER DIE FRAGE!

*Wie auch immer man sie nennt, die schicke Lady macht sowohl auf dem Schreibtisch als auch auf dem Esstisch einen tollen Eindruck.*

***Das brauchst du:***

- ✓ Einweghandschuhe
- ✓ Acrylfarben
- ✓ Pinsel/Schwammpinsel
- ✓ Glitzersteinchen
- ✓ 1 Pfeifenputzer
- ✓ alte Zeitung
- ✓ Schere
- ✓ Handbohrer o. Ä.
- ✓ leere, bauchige Saftflasche
- ✓ etwas Kleister
- ✓ etwas Wasser
- ✓ Malerkrepp
- ✓ wasserfeste Stifte oder Acrylmarker

1

2

3

1. Zerreiße die Zeitung in kleine Stücke oder lasse sie von deinen Eltern schreddern. Füge so viel Wasser hinzu, dass alle Schnipsel leicht bedeckt sind, und lasse das Ganze ca. 10 Minuten einweichen.

2. Knete nun alles gut durch, bis ein grauer Brei entsteht. Gieße das überschüssige Wasser ab und füge ein wenig Kleister dazu. Knete noch einmal alles gut durch. Am besten ziehst du dir Einweghandschuhe an.

3. Bohre nun je 2 kleine Löcher in die Seiten deiner Flasche (am besten geht das mit einem Handbohrer) und stecke zwei gebogene Stücke eines Pfeifenputzers hinein – das werden die Ohren. Umklebe dann alles mit Malerkrepp, damit das Pappmaschee gut hält.

4

4. Jetzt kannst du das Pappmaschee aufbringen und rundherum festdrücken. Achte darauf, dass du mit dem unteren Flaschenrand abschließt, sonst wackelt die Vase später.

5. Lass die Vase ca. einen halben Tag trocknen. Danach kannst du sie nach Herzenslust bemalen.

6. Verpasse deiner Vase Haare und ein Gesicht und verziere sie noch mit den Glitzersteinchen. Nun ist sie fertig zum Verschenken!

7. Die feine Dame kann auch gut als Pinselhalter benutzt werden.

5

7

6

# SCHON MAL EINEN WALD VERSCHENKT?

*Nein? Dann wird's aber höchste Zeit!*

***Das brauchst du:***

- ✓ etwas Pappe (z. B. Versandkarton)
- ✓ Naturbast
- ✓ leere Konservendose
- ✓ Sand oder Erde
- ✓ Moos
- ✓ 1 kleinen Zapfen
- ✓ Gabel
- ✓ Knete
- ✓ Bleistift
- ✓ Lineal
- ✓ Schere
- ✓ kleine Ästchen
- ✓ Heißkleber

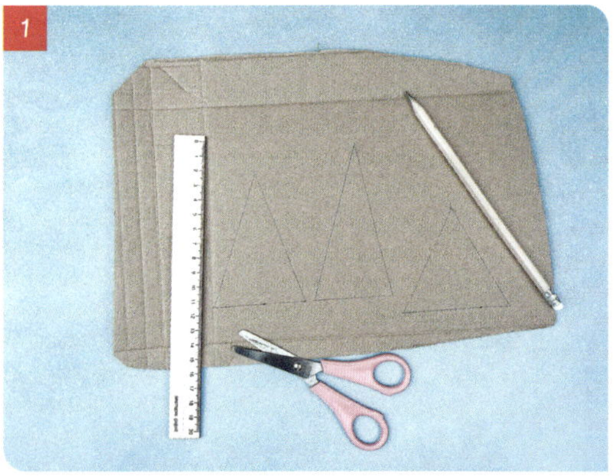

1. Zeichne unterschiedlich große Dreiecke auf ein Stück Pappe und schneide sie aus.
2. Presse nun Knete in deinen Lieblingsfarben darauf, sodass man nichts mehr von der Pappe sehen kann.
3. Drücke danach die Zinken der Gabel in die Knete, damit eine schöne Struktur entsteht. Fange oben an.
4. Klebe unterschiedlich lange Ästchen von hinten mit Heißkleber an.
5. Befülle die leere Dose mit Sand oder Erde, drücke sie gut fest und stecke die Bäumchen hinein.
6. Binde zuletzt noch etwas Naturbast um die Konservendose und verknote ihn vorne. Den Sand/die Erde bedeckst du mit etwas Moos und einem kleinen Zapfen.

Ich schenk dir einen Sonnenschein

# ICH SCHENK DIR EINEN SONNENSCHEIN!

*Diese kleine Sonne hat verschiedene Spruchbänder zum Ankleben auf Lager. Als Pflanzenstecker rundet sie jedes Geschenk perfekt ab.*

***Das brauchst du:***

- ✓ Kopiervorlage »Spruchauswahl Sonnengruß« S. 135
- ✓ Acrylfarbe
- ✓ Kleber
- ✓ Handbohrer
- ✓ Perlen in Gelb- und Goldtönen
- ✓ Schaschlikspieß
- ✓ Schwammpinsel, alternativ normalen Pinsel
- ✓ Zahnstocher
- ✓ Kreide- oder Acrylmarker
- ✓ Schere
- ✓ Wollreste
- ✓ evtl. Obstnetze oder Pfeifenputzer

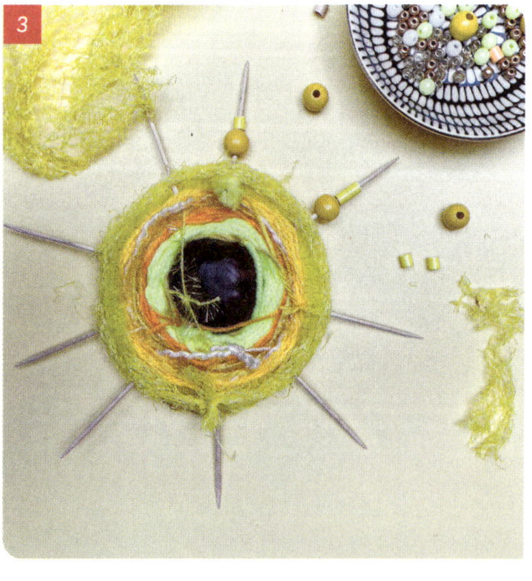

1. Bohre mit dem Handbohrer eine ungerade Anzahl von Löchern rund um deine Kastanie und stecke die Zahnstocher fest in die Löcher.

2. Webe nun die Wollreste um deine Kastanie, indem du die Wolle abwechselnd über und unter die Zahnstocher legst. Wenn du die Farbe wechseln willst, knote den neuen Faden einfach am Endstück des alten Fadens fest.

3. Anstatt Wolle kannst du auch Pfeifenputzer oder Obstnetze verwenden – oder auch einfach alles zusammen. Knote zum Schluss alle noch losen Enden auf der Rückseite fest. Stecke die Perlen auf die Zahnstocher. Damit sie auch halten, nimm am Ende eine Perle mit kleiner Öffnung für die Spitze oder träufle etwas Kleber in die Perlenöffnung.

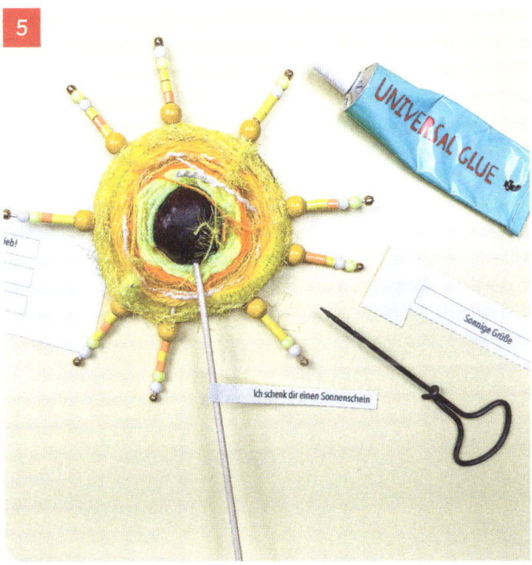


4. Nun kannst du die Kastanie mit Acrylfarbe bestempeln und ihr ein Gesicht mit den Kreidemarkern malen.

5. Bohre anschließend ein Loch für den Spieß in die Rückseite der Kastanie. Suche dir einen passenden Spruch auf Seite 135 aus, schneide ihn aus und klebe ihn am Stil fest.

ALLES
MUSS MAN
SELBER MACHEN
LASSEN!
Mit
Max ins
Kino
15.30
WACHSFARBSTIFT

# FESCH GEWICKELT ...

Dieser Wickeldackel ist ein praktischer Organizer für jeden Schreibtisch und zugleich eine kreative und außergewöhnliche Geschenkidee.

***Das brauchst du:***

- ✓ Pappe (z. B. dünnen Versandkarton)
- ✓ 4 Wäscheklammern
- ✓ Washitapes
- ✓ etwas stabilen Draht
- ✓ Acrylfarben
- ✓ Wollreste
- ✓ Holzperlen
- ✓ etwas Knete
- ✓ 4 Milchdeckel
- ✓ Schere
- ✓ Pinsel
- ✓ Kleber
- ✓ Stifte

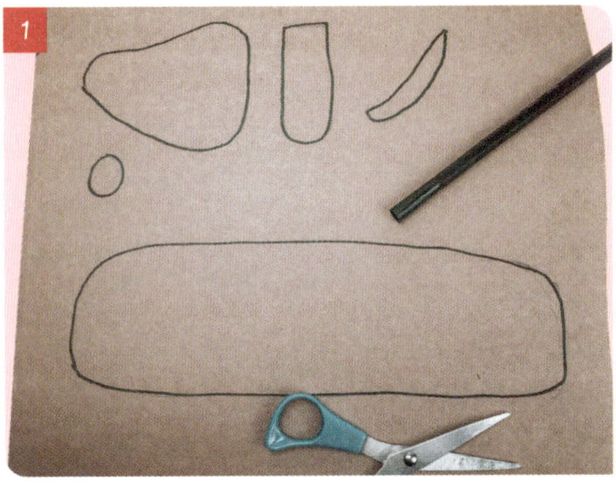

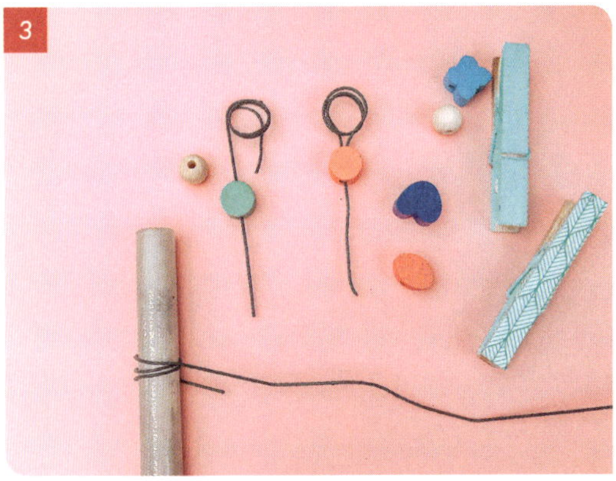

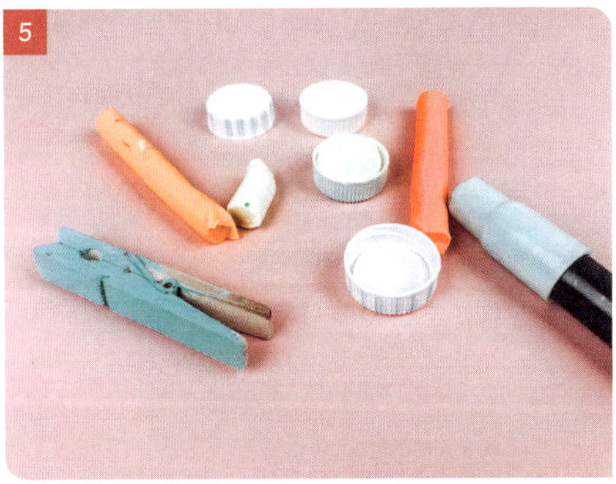


1. Zeichne die Einzelteile wie Dackelkörper, Kopf, Ohren, Nase und Schwanz auf ein Stück Pappe und schneide alle Teile aus.

2. Beklebe, bemale und umwickle den Hundekörper mit Washitape, Wollresten und Acrylfarbe – ganz so, wie es dir gefällt.

3. Wickle nun den Draht 3x um einen dicken Stift. Stecke beide Drahtenden in eine Holzperle. Schneide den Draht dann so ab, dass du ein ca. 6 cm langes Stück zum Feststecken hast. Beklebe oder bemale nun die Wäscheklammern.

4. Klebe jetzt das Ohr und die Nase auf den Kopf des Hundes und male ihm ein Gesicht. Stecke die geformten Drahtteile in die Luftrillen des Kartons. Klebe dann den Kopf und den Schwanz fest.

5. Presse nun so viel Knete in die Milchdeckel, dass diese bis zum Rand gefüllt sind. Wenn du möchtest, kannst du die Deckel vorher auch bemalen. Klemme die Wäscheklammern als Beine an deinen Dackel. Zum Schluss steckst du die andere Seite der Klammern in die Deckel mit Knete, damit dein Hund stabil stehen kann.

Mit Max ins Kino 15.30 Uhr
ALLES MUSS MAN SELBER MACHEN LASSEN!
MVG
0001785619

# NACHHALTIGE KERZENSTÄNDER

Bunt und dekorativ verschönern sie jedes Zuhause.

***Das brauchst du:***

- ✓ Schere
- ✓ Acrylfarben
- ✓ Lineal
- ✓ unterschiedlich große Milchdeckel
- ✓ Stift
- ✓ Pinsel/Schwammpinsel
- ✓ Kerzen
- ✓ leere Küchenrolle
- ✓ evtl. Goldlack
- ✓ Heißkleber
- ✓ Mini-Joghurtbecher

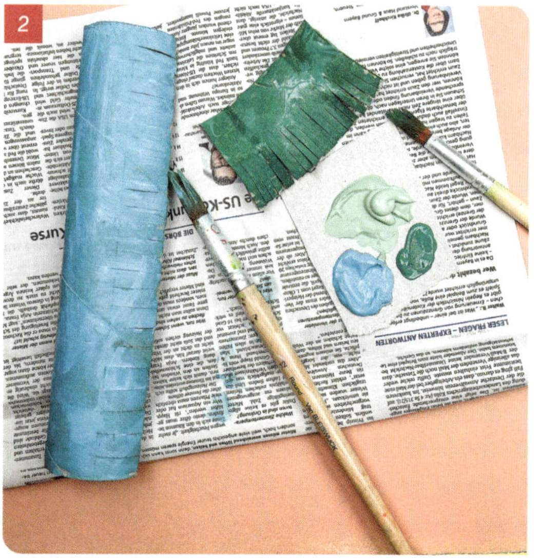

1. Drücke eine leere Küchenrolle platt und miss ca. 2 cm von der langen Seite ab. Ziehe mithilfe des Lineals einen langen Strich und schneide die Papprolle in gleichmäßigen Abständen bis zur Linie ein.

2. Mische dir deine Lieblingsfarben und male die Rolle damit an. Lasse sie gut trocknen.

3. Nimm nun einen großen Milchdeckel, beklebe den seitlichen Rand mit Heißkleber und wickle den unteren Rand der Papprolle darum. Klebe dann einen kleineren Deckel in die Mitte des Großen hinein.

4. Wenn du magst, kannst du die gewickelte Papprolle noch etwas mit goldener Farbe betupfen.

5. Möchtest du einen hohen Kerzenständer, dann betupfe nun noch einen Mini-Joghurtbecher (z. B. Fruchtzwerge o. Ä.) mit Farbe. Am einfachsten geht das mit einem Schwammpinsel.

6. Klebe den Teil mit der Papprolle fest auf den Boden des getrockneten Joghurtbechers.

LENI
OMA

# WUSCHELIGE SCHLÜSSEL-QUASTEN FÜR JEDERMANN

Eine absolut coole und gleichzeitig nützliche Geschenkidee.

***Das brauchst du:***

- ✓ Wollreste
- ✓ verschiedene Perlen
- ✓ Kleber
- ✓ Pappreste
- ✓ Nadel
- ✓ Schere
- ✓ Schlüsselring, evtl. Karabiner
- ✓ optional: Washitapes
- ✓ optional: wasserfesten Marker
- ✓ optional: Pompoms

1. Nimm ein längliches Stück Pappe und schneide oben sowie links und rechts eine kleine Einkerbung hinein.

2. Nimm nun ein ca. 15 cm langes Wollstück und klemme es zwischen die linke und rechte Einkerbung. Stecke dann das Ende der restlichen Wolle in die obere Einkerbung und wickle die Wolle ganz oft senkrecht um die Pappe herum.

3. Löse nun das Stück Wolle aus der linken und rechten Einkerbung, ziehe es nach oben und verknote es fest.

4. Schneide die Wolle am unteren Rand auf. Wickle danach, je nach Geschmack, ein Stück Washitape oder einfach einen Wollfaden fest um den oberen Teil der Quaste. Schneide dann die unteren Fäden gleichmäßig zu.

5. Nun kannst du mithilfe einer Nadel die Perlen auffädeln. Falls du Holzperlen selbst verzieren möchtest, stecke sie am besten auf einen Schaschlikspieß, so kannst du sie besser halten.

6. Um die Wolle am Schlüsselring zu befestigen, schlingst du sie einmal um den Ring und fädelst den Faden dann wieder zurück durch die Perlen, wo du alles verknotest. Du kannst die Wolle aber auch direkt am Ring mit einem Dreifachknoten zuknoten.

Hier wohnt
PLUTO
Hier wohnt
MAUSI

# TÜRSCHILDER FÜR TIERFREUNDE

So ein tolles Schild an der Tür ist einfach ein MUSS für jeden Hunde- oder Katzenbesitzer. Und von dir selbst gebastelt ist es noch mal so schön.

***Das brauchst du:***

- ✓ Pappe (z. B. dünnen Versandkarton)
- ✓ Filzreste
- ✓ kleine Pompons
- ✓ Kleber
- ✓ Wollreste
- ✓ Vorlage Wickelkatze und -hund von Seite 134
- ✓ Garn (zum Aufhängen)
- ✓ Filzstift
- ✓ Schere
- ✓ Lochzange

1. Kopiere die Vorlage für Katze oder Hund von Seite 134 und klebe sie auf ein Stück Karton. Schneide das jeweilige Motiv dann entlang der Linie aus. Die kleinen gestrichelten Linien schneidest du bitte auch ein.

2. Nimm nun ein Stück Wolle und wickle den Faden von rechts nach links, wobei du ihn jeweils in die Einschnitte klemmst. Anschließend verknotest du den Faden auf der Rückseite.

3. Als Nächstes nimmst du eine andere Wollfarbe und wickelst von oben nach unten. Verknote den Faden ebenfalls auf der Rückseite. Schneide nun 3 kurze Fäden einer anderen Farbe ab und verknote sie, wie abgebildet, sodass Schnurrhaare entstehen.

4. Aus Filzresten kannst du jetzt Ohren und Bäckchen ausschneiden. Die Augen kannst du ebenfalls aus der Vorlage ausschneiden oder auch Klebepunkte aufkleben.

5

6

7

5. Wiederhole die Arbeitsschritte von Punkt 1 mit der Namensschild-Vorlage und schreibe den Namen des Tieres drauf.

6. Klebe das Namensschild von hinten an den Tierkopf. Stanze danach Löcher zum Aufhängen an den Kopfrand und fädle ein Stück Garn durch.

7. Klasse, nun sind die tierischen Türschilder fertig zum Verschenken.

**Tipp: Mit dieser Wickeltechnik kannst du auch eigene Tierköpfe gestalten, wie z. B. Hamster oder Mäuse. Bestimmt fallen dir noch mehr Tiere ein, für die du Türschilder basteln kannst.**

# BLUMIG LEUCHTENDE SCHRAUBGLÄSER

*Die gepressten Blumen verleihen den Windlichtern einen zauberhaften Schein.*

***Das brauchst du:***

- ✓ gepresste Blumen
- ✓ Serviettenkleber
- ✓ großes Konfetti
- ✓ Schraubglas (z. B. von Essiggurken)
- ✓ Pinsel

1. Sammle Blüten und Blätter und presse sie.

2. Bepinsel ein Schraubglas dünn mit Serviettenkleber oder selbst gemachtem Kleister (siehe TIPP), lege die gepressten Blüten und Blätter darauf. Tupfe dann vorsichtig noch mal eine dünne Schicht des Klebers über die Pflanzen.

3. Klebe auch noch Konfettikreise zwischen die Blüten.

4. Der selbst gemachte Kleister ist ca. 2 Wochen lang im Kühlschrank haltbar. Schön verziert ist er auch ein tolles Geschenk für Bastelbegeisterte.

**TIPP: Du kannst auch Kleister selbst herstellen. Dazu nimmst du 300 ml Wasser, 1 EL Tapetenkleister und 1–2 EL Bastelkleber. Gib das Ganze in ein Schraubglas, schüttle es gut und lass die Masse 30 Minuten quellen … fertig!**

#FÜRDICH

# JA, IST DENN SCHON WEIHNACHTEN?

Als Kerzenhalter- oder Hängedeko sind diese farbenfrohen Wichtel aus Papptellern, besonders rund um die Weihnachtszeit, ein großartiges Mitbringsel.

***Das brauchst du:***

- ✓ Pappteller
- ✓ Schere
- ✓ Klebe
- ✓ weißen Lack- oder Acrylstift
- ✓ gemustertes/einfarbiges Papier (evtl. Geschenkpapierreste)
- ✓ Garn- oder Wollreste
- ✓ schwarzen Filzstift
- ✓ Wäscheklammern
- ✓ optional: Holzkugel

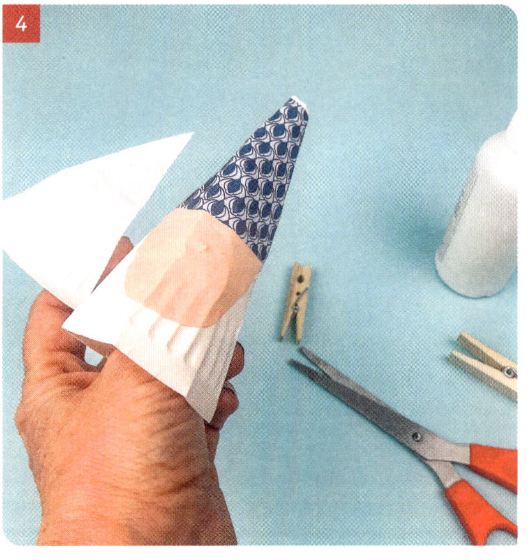

1. Teile den Pappteller in 2 gleiche Hälften. Schneide dann von einer Hälfte großzügig den Rand weg.

2. Lege die entstandene Schablone auf ein gemustertes Papier, fahre mit einem Stift um sie herum und schneide den Papierhalbkreis aus. Schneide anschließend aus einem einfarbigen Papierrest einen länglichen Halbkreis aus.

3. Klebe die ausgeschnittenen Teile wie abgebildet auf die andere Papptellerhälfte.

4. Rolle nun den Pappteller so zusammen, dass ein Kegel entsteht. Das überstehende Stück schneidest du einfach ab.

5. Klebe die Enden des Kegels fest aneinander und fixiere das Ganze zum Trocknen mit Wäscheklammern. Dann kannst du deinem Wichtel ein Gesicht malen. Um ihn aufzuhängen, machst du eine große Schlaufe aus einem Stück Garn- oder Wollrest. Damit die Schlaufe nicht herausrutscht, fädelst du am besten eine Holzkugel auf.

6. Wenn du deine Wichtel als Kerzenhalter verwenden möchtest, schneidest du einfach ein Stück der gemusterten Kappe ab, sodass eine Kerze hindurch passt.

# GESCHENKE FÜR FREUNDE

# STYLISHES FUCHSTÄSCHCHEN AUS MILCHKARTON

Ob zu Jeans oder Abendkleid – diese Tasche ist ein Hingucker. Da staunen selbst Prada, Gucci & Co.

***Das brauchst du:***

- ✓ Tetrapak
- ✓ Wasserfarben
- ✓ weißes Blatt Papier
- ✓ Wollreste
- ✓ Nadel
- ✓ Lochzange
- ✓ Mini-Pompon
- ✓ Schere
- ✓ Filzstift
- ✓ Bleistift
- ✓ Pinsel
- ✓ 2 Kronkorken
- ✓ gemustertes Papier (evtl. Geschenkpapier-reste)
- ✓ Heißkleber

1. Schneide den oberen und unteren Teil des Tetrapaks ab. Löse dann vorsichtig die bedruckte Beschichtung des mittleren Teils ab.

2. Falte den Karton wie abgebildet und stanze Löcher entlang der rechten und linken Seite. Die Löcher müssen aufeinanderpassen. Schneide die obere Lasche spitz zu und runde die Spitze danach etwas ab.

3. Bemale den Karton nun mit Wasserfarbe. (Tipp: Nimm viel Farbe und wenig Wasser dafür.) Wenn die Farbe getrocknet ist, kannst du die Ränder mit einfachen Stichen zusammennähen.

4. Achte darauf, nur den oberen Teil der Lasche mit Farbe zu bemalen. Schneide aus den Kartonresten zwei Dreiecke aus und bemale diese ebenfalls.

5

6

7

8

5. Klebe etwas weißes, rund ausgeschnittenes Papier in die Kronkorken, male eine schwarze Pupille darauf und klebe die entstandenen Augen mit Heißkleber auf das Täschchen. Klebe ebenso die Ohren auf sowie den Pompon als Nase.

6. Nimm nun ein Stück gemustertes Papier zur Hand, drehe es um, lege dein geöffnetes Täschchen darauf und umfahre den Fuchskopf mit einem Bleistift. Schneide dann die Form aus und klebe das Papier auf die Innenseite der Taschenklappe.

7. Jetzt kannst du noch ein Umhängeband flechten, indem du zunächst drei gleichlange Wollfäden mit Klebeband am Tisch festklebst. Nimm immer abwechselnd den äußeren Wollfaden und lege ihn in die Mitte. Wiederhole dies bis zum Ende und verknote die Fäden.

8. Fädle zum Schluss das andere Ende des geflochtenen Bands durch die gestanzten Löcher der Fuchsohren und verknote die Fäden von hinten.

# SORGENPÜPPCHEN ZUM KUMMER-VERTREIBEN

*Erzähle den Püppchen alle deine Sorgen und lege sie dann nachts unter dein Kopfkissen. Am nächsten Tag sind die Sorgen wie von Zauberhand verschwunden.*

***Das brauchst du:***

- ✓ Wollreste
- ✓ Filzreste
- ✓ Filzstifte
- ✓ Schere
- ✓ Pinsel
- ✓ Deckweiß oder weiße Acrylfarbe
- ✓ Kartonreste
- ✓ dünne Ästchen
- ✓ Garn
- ✓ Nadel
- ✓ Heißkleber
- ✓ Mini-Pompons

1. Schneide eine längliche Form (oben abgerundet) aus einem dünnen Kartonrest aus. Sammle dünne Ästchen und schneide diese zurecht: 1 längeres für die Arme und 2 kurze Ästchen für die Beine.

2. Klebe nun die Ästchen mit Heißkleber von hinten an den Karton. Schneide dir ein Stück Filz so zurecht, dass du es als Rock um das Kartonstück wickeln kannst.

3. Klebe den Filzrock fest und umwickle den Oberkörper des Püppchens mit Wolle. Male anschließend das noch freie Stück Karton weiß an.

4. Wickle nun ein wenig Wolle um zwei Finger und verknote sie in der Mitte – das werden die Haare. Klebe die Haare auf den Kopf und auf den Haarknoten noch einen Pompon. Zuletzt malst du dem Püppchen ein Gesicht.

5

6

7

8

5. Nimm nun ein größeres Stück Filz, falte es in der Mitte und schlage am oberen Rand ein Stück um. Achte darauf, dass das Filztäschchen groß genug wird, damit dein Sorgenpüppchen hineinpasst.

6. Nähe mit einfachen Stichen die untere und rechte Seite zu. Lege ein Stück Wolle in den Umschlag. Nähe als Nächstes den Umschlag an, sodass ein Tunnelzug (wie an einem Turnbeutel) entsteht.

7. Knote zum Schluss die Wollenden zusammen. Nun kannst du das Täschchen öffnen und schließen, indem du die Wolle festhältst und den Filz zusammen- oder auseinanderschiebst.

8. Wenn du magst, kannst du für jedes Glückspüppchen eine eigene Tasche anfertigen.

# FRISEUR SPIELEN MAL ANDERS

Ein alter Karton wird zum Frisierkopf – und so zu einer kreativen Geschenkidee für Frisierprofis.

***Das brauchst du:***

- ✓ ein großes Stück Versandkarton
- ✓ Klebepunkte
- ✓ Bügelperlen o. Ä.
- ✓ Wollreste
- ✓ Schere
- ✓ Filzstifte oder Acrylmarker
- ✓ großen Teller
- ✓ Lochzange

1. Lege den Teller auf den Karton und umfahre ihn mit einem Stift. Male rechts und links zwei kleine Halbkreise als Ohren daran und schneide den Kopf aus.
2. Stanze nun mithilfe einer Lochzange eine Reihe Löcher in den Oberkopf. Die Löcher sollten einen Abstand von ca. 1 cm haben. Stanze anschließend etwas versetzt eine zweite Reihe Löcher in die Pappe. Schneide dir als Nächstes lange Wollfäden in deiner gewünschten Länge zurecht. Fädle diese durch die Löcher und verknote sie am Kopfrand.
3. Jetzt kannst du das Gesicht aufmalen und mit den Klebepunkten bekleben.
4. Wenn du magst, kannst du deinem Frisierkopf auch Löcher für Ohrringe stanzen und die ersten Frisuren ausprobieren.
5. Bevor du den Frisierkopf verschenkst, kannst du die »Haare« noch auf eine gleiche Länge schneiden, damit es schön ordentlich aussieht.

5

Frida

# FISCHE VERSCHENKEN

*Diese Fischlein im Glas sind wirklich äußerst pflegeleicht und machen sich besonders gut auf der Fensterbank.*

***Das brauchst du:***

- ✓ Pompons
- ✓ leichte Modelliermasse (lufttrocknend)
- ✓ transparente Nylonschnur
- ✓ Kleber
- ✓ kleine Wackelaugen
- ✓ Nähnadel
- ✓ Filzstift
- ✓ Washitape
- ✓ Schere
- ✓ kleine bunte Federn
- ✓ Schaschlikspieß
- ✓ Handbohrer
- ✓ etwas weißes Papier
- ✓ Kies
- ✓ kleine Pflanzenzweige
- ✓ leeres Schraubglas (z. B. von Essiggurken)
- ✓ Heißkleber

1

2

3

4

1. Forme eine oder mehrere kleine Kugeln aus der leichten Modelliermasse. Pro Kugel entsteht ein Fisch.

2. Schneide dir kleine Federn zurecht und stecke sie als Flossen rechts und links sowie hinten in deine Kugel. Forme einen kleinen Mund und klebe die Wackelaugen auf.

3. Fädle nun mithilfe der Nadel die transparente Nylonschnur mitten durch dein Fischlein und verknote sie unten.

4. Presse ein wenig von der Modelliermasse auf den inneren Boden des Schraubglases und stecke die kleinen Pflanzenzweige hinein. Fülle danach vorsichtig mit einem Löffel so viel Kies in das Glas, bis die Modelliermasse bedeckt ist.

5. Befestige die Nylonschnur des Fischleins mit einem Stück Washitape am Deckel des Schraubglases. Achte darauf, dass es sich frei bewegen kann, wenn du den Deckel zuschraubst.

6. Nun kannst du den Deckel deines Schraubglases nach Belieben verzieren. Ich habe dafür kleine bunte Pompons mit Heißkleber darauf geklebt.

7. Wenn du dem Fisch einen Namen geben möchtest, bohre mit einem Handbohrer ein Loch in den Deckel. Kürze einen Schaschlikspieß und beklebe diesen, wie eine Fahne, mit einem beschriebenen Papierschildchen.

Eine Blumenwiese
für dich ganz allein!

# EINE ZUCKERSÜSSE BLUMENWIESE

Aus Zeitungsresten, etwas Farbe und leckeren Lollis entsteht ein großartiges Mitbringsel.

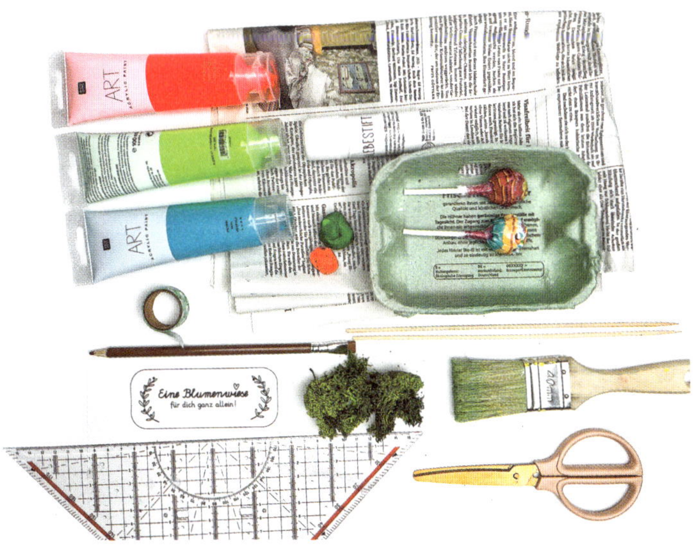


***Das brauchst du:***

- ✓ alte Zeitung
- ✓ Acrylfarben
- ✓ Kleber
- ✓ etwas Knete
- ✓ Washitape
- ✓ Bleistift
- ✓ Lineal
- ✓ Schildchen Vorlage »Blumenwiese« von Seite 135
- ✓ etwas Moos
- ✓ Eierkartondeckel
- ✓ Lollis
- ✓ breiten Pinsel
- ✓ Schere
- ✓ Schaschlikspieße

1

2

3

4

1. Breite ein Stück Zeitung aus. Kleckse an verschiedenen Stellen Acrylfarbe darauf und verteile diese großzügig mit einem breiten Pinsel. Lasse die Farbe gut trocknen.

2. Ziehe nun alle 10 cm auf deiner Zeitung eine lange Linie mit dem Lineal. Schneide die Streifen danach ab und knicke sie jeweils mittig, wie auf dem Bild zu sehen.

3. Schneide an der geschlossenen Seite ca. alle 5–10 mm bis zur Hälfte des Papierstreifens ein und wickle den Streifen anschließend straff um den Lolli.

4. Befestige das Ende des Streifens mit Washitape am Stil.

5. Drücke nun etwas Knete auf den Boden eines Eierkartondeckels und stecke deine Lollis hinein. Fülle das Ganze mit Moos auf, sodass man die Knete nicht mehr sieht.

6. Wenn du möchtest, dann kopiere das Schildchen von Seite 135 und schneide es aus. Das kannst du an einem Schaschlikspieß befestigen und in deine Blumenwiese stecken. Alternativ kannst du die Lolli-Blumen auch einfach als Strauß in eine leere Konservendose stecken.

# AUFGEHÜBSCHTE NAGELLACKFLÄSCHCHEN

*Das coolste Geschenk für Freundinnen*

***Das brauchst du:***

- ✓ Stoffreste
- ✓ Schere
- ✓ Borten oder Pfeiffenputzer
- ✓ große Holzperle
- ✓ Kreide- oder Acrylmarker
- ✓ Nadel
- ✓ Faden
- ✓ Nagellackflasche mit langem »Hals«
- ✓ Mini-Pompons
- ✓ Elastikkordel/Gummiband
- ✓ Heißkleber
- ✓ Lineal
- ✓ Bleistift

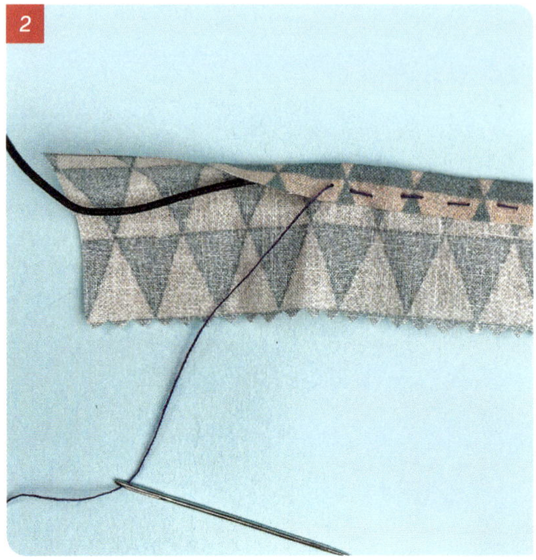

1. Nimm ein Stück Stoff zur Hand und wickle es 1,5-mal um das Nagellackfläschen. Markiere dann mit einem Bleistift die benötigte Breite. Miss nun die Höhe des Glasfläschchens ab, gib 1 cm für den Umschlag dazu. Zeichne mithilfe des Lineals Höhe und Breite auf die Rückseite des Stoffes auf.

2. Schneide den Stoff an der Linie aus. Lege dann ein Stück Elastikkordel auf den Stoff und schlage den oberen Stoffrand darüber. Nähe den Stoff nun so zusammen, dass die Kordel beweglich bleibt, und verknote das Fadenende.

3. Raffe als Nächstes den Stoff zusammen, lege ihn um den Hals des Nagellackfläschchens und knote die Enden der Elastikkordel zusammen.

4. Jetzt kannst du die Holzperle bemalen, sie wird der Kopf des Püppchens.

5. Klebe den Holzperlenkopf mit Heiß-kleber auf den Schraubverschluss des Nagellackes.

6. Nun kannst du dein Püppchen nach Herzenslust mit Pompons und Borten verzieren.

**Tipp: Diese Nagellackpüppchen sind auch ein tolles Party-Mitgebsel für deine Gäste.**

FRIENDS
FOREVER

# FREUNDE FÜR IMMER!

Dieses Geschenk kommt gleich im Doppelpack – süße Freundschaftsketten aus Kronkorken.

***Das brauchst du:***

- ✓ Lineal
- ✓ festes Garn (oder auch Wollreste)
- ✓ Schere
- ✓ Schildchen Vorlage »Friends Forever« von Seite 135
- ✓ Washitape
- ✓ kleine Zange
- ✓ 2 Dosenlaschen
- ✓ 2 Kronkorken
- ✓ Bleistift
- ✓ Kartonrest
- ✓ Kleber
- ✓ Mini-Pompons

1

2

3

4

1. Biege die Ränder der Kronkorken mit einer kleinen Zange nach hinten und suche dir dann hübsche Pompons aus.

2. Klebe die Pompons in die Kronkorken (die Farbreihenfolge sollte identisch sein). Lasse sie gut trocknen und klebe dann die Dosenlaschen so auf die Rückseite der Kronkorken, dass sie etwas überstehen.

3. Schneide nun ein rechteckiges Stück Karton aus (ca. 7 × 14 cm) und bohre 4 Löcher mit einem spitzen Bleistift hinein. Befestige dann je ein Stück Garn an der Dosenlasche, etwa so lang, dass man es gut über den Kopf ziehen kann.

4. Fädle nun die Garnenden durch die Löcher und klebe sie mit Washitape auf der Kartonrückseite fest. Kopiere das Schildchen »Friends Forever«, schneide es aus und klebe es auf den Karton.

FRIENDS
FOREVER

# GESCHENKE FÜR EINE EXTRAPORTION GLÜCK & FREUDE

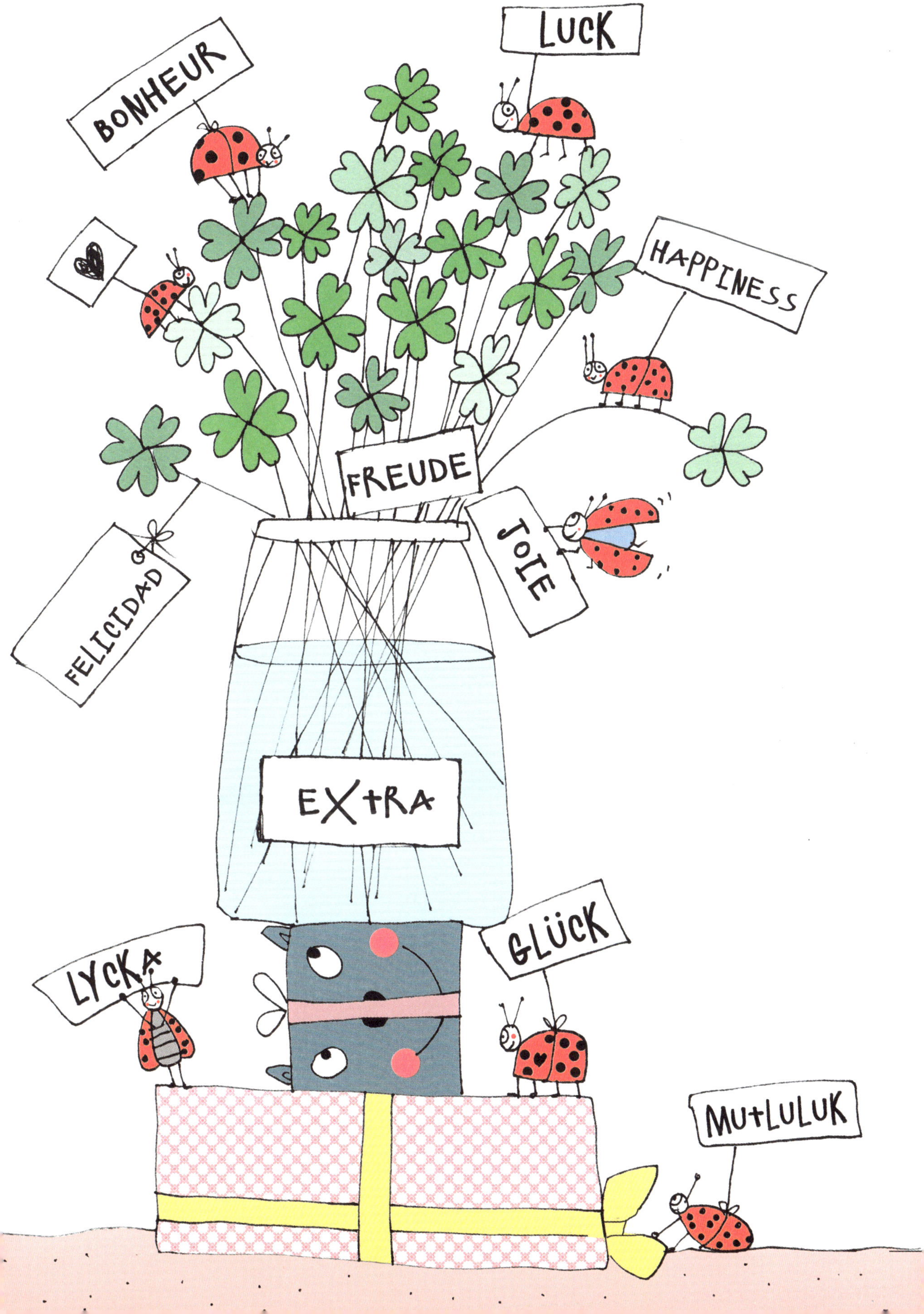

BONHEUR
LUCK
HAPPINESS
FREUDE
JOIE
FELICIDAD
EXTRA
GLÜCK
LYCKA
MUTLULUK

GANZ VIEL GLÜCK!

# GLÜCK PUR FÜR DEINE LIEBSTEN!

Der Beschenkte hat mit deinem Glücksschweinchen die Qual der Wahl, denn es dient als Spardose oder auch als Übertopf.

***Das brauchst du:***

- ✓ leere Dose mit Deckel (z. B. von Erdnüssen)
- ✓ Kleber
- ✓ feines Sandpapier
- ✓ dünnen Karton (z. B. von Müslischachtel)
- ✓ 2 Kronkorken
- ✓ Zahnstocher
- ✓ etwas Knete
- ✓ 4 Korken
- ✓ Marker
- ✓ dünnes Ästchen
- ✓ Pinsel/Schwammpinsel
- ✓ Cutter
- ✓ Acrylfarben
- ✓ Klebepunkte
- ✓ Schere
- ✓ Heißkleber
- ✓ Washitape
- ✓ ein Stück dicke Wolle
- ✓ Schildchen Vorlage »Ganz viel Glück« von Seite 135

1. Raue die Dose etwas an, indem du sie mit einem Stück feinen Schleifpapier abreibst. Wische dann den Staub ab und betupfe die Dose mit weißer Acrylfarbe, sie dient als Grundierung. Den Deckel kannst du unbemalt lassen. Wenn es dir aber besser gefällt, kannst du ihn natürlich auch bemalen.

2. Wenn die Grundierung trocken ist, mische dir aus roter und weißer Acrylfarbe einen schönen Rosaton und male sowohl die Dose als auch die Korken damit an. Damit es einfacher geht, pikse jeweils einen Zahnstocher in den Korken. Zum Trocknen steckst du diesen dann in ein Stück Knete.

3. Bepinsle auch ein Stück Karton mit der Farbe und lass alles gut trocknen.

4. Schneide als Nächstes einen breiten Schlitz in den Deckel. Lasse dir hierbei von einem Erwachsenen helfen. Aus der eingefärbten Pappe schneidest du ein ovales Stück aus und klebst es mit Heißkleber, zusammen mit den Kronkorken, auf deine rosa Dose.

5. Male dem Schweinchen nun ein Gesicht. Hier kommen auch die Klebepunkte als Bäckchen oder Pupillen zum Einsatz. Die 4 Korken klebst du mit Heißkleber als Beine von unten an die Dose.

6. Jetzt braucht das Schweinchen noch einen Schwanz. Mache oben und unten einen Knoten in das Stück Wolle und klebe es auf die Rückseite.

7. Kopiere das »Glücksschildchen« von Seite 135 und klebe es auf das Stück dünnen Karton. Schneide es danach entlang der gestrichelten Linie aus und befestige es mit Washitape an einem dünnen Ast. Nun kannst du das fertige Schild in einen Blumentopf stecken.

# TIERISCH COOLE GLÜCKSBRINGER-BROSCHEN

*Wer hätte gedacht, dass Milchdeckel so stylish sein können?*

***Das brauchst du:***

- ✓ Filzreste
- ✓ große und kleine Milchdeckel
- ✓ Acrylfarbe
- ✓ Kleber
- ✓ Centmünze
- ✓ Broschennadel
- ✓ Mini-Pompons
- ✓ Schere
- ✓ etwas Zeitungspapier
- ✓ weiße Klebepunkte
- ✓ Pinsel

1. Bemale die großen Milchdeckel in deinen Lieblingsfarben. In den gleichen Farben bemalst du jeweils auch ein Stück Zeitung.

2. Überlege dir, welche Tiere du basteln möchtest, und lege dir die bunten Zeitungsstücke und Filzreste zurecht.

3. Mach dir kleine Skizzen von den Tieren. Schneide dann Filz- und Papierstücke passend dazu aus. Klebe nun in jeden der kleinen Milchdeckel einen Glückscent.

4. Male Gesichter auf und klebe Ohren, Augen und Nasen auf die Deckel. Anschließend klebst du die kleinen Milchdeckel in die großen, sodass das Centstück versteckt ist.

5. Klebe zum Schluss noch die Broschennadel auf die Rückseite und lasse sie gut trocknen!

5

Tipp: Du kannst aus den Tierköpfen auch Ketten anstatt Broschen basteln. Bohre dafür einfach zwei Löcher mit einem Handbohrer durch den Rand der Milchdeckel und fädle sie auf eine Schnur auf.

Vorsichtig bissig!
Vorsichtig öffnen!

# GLÜCKSKÄFER TO GO!

*Verschenke etwas Glitzerglück für die Hosentasche.*

***Das brauchst du:***

- ✓ Lineal
- ✓ leere Streichholzschachtel
- ✓ Acrylfarben
- ✓ große weiße Bohnen
- ✓ Kleber
- ✓ Washitape
- ✓ Filzreste
- ✓ Glitzer
- ✓ Schere
- ✓ Pinsel
- ✓ Bleistift
- ✓ schwarzen und weißen Marker
- ✓ gemusterte Papierreste (z. B. Geschenkpapier)
- ✓ Kopiervorlagen von Seite 135

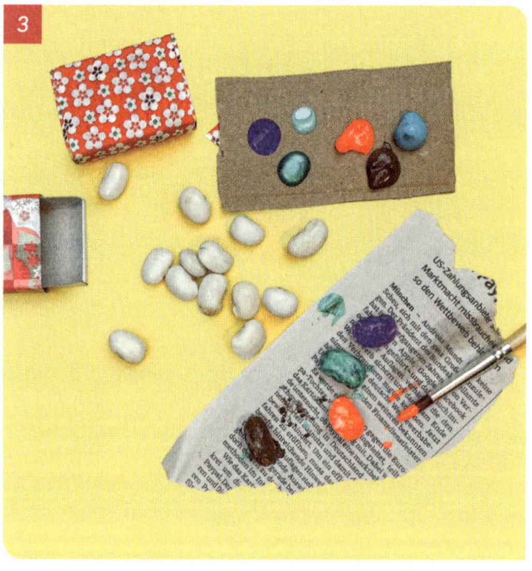

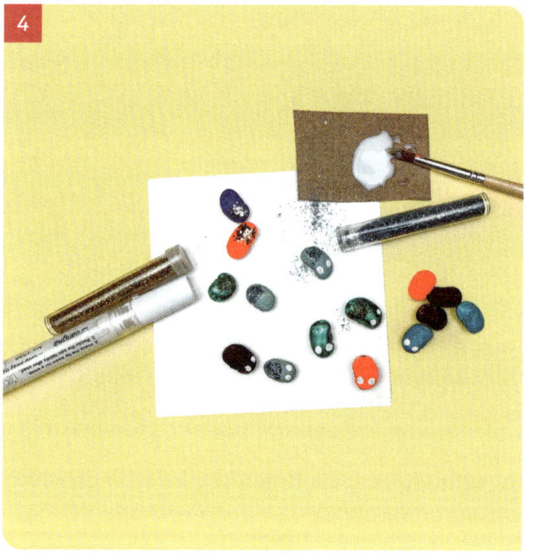

1. Lege die Streichholzschachtel auf die Rückseite eines gemusterten Papieres. Markiere mithilfe eines Lineals die Breite der Schachtel. Wickle das Papier einmal um die Schachtel, damit du weißt, wie lang dein Papierstreifen sein muss.

2. Schneide den Papierstreifen aus, bestreiche ihn mit Kleber und wickle ihn einmal so um die Streichholz-schachtel, dass du sie noch öffnen kannst.

3. Bemale nun die weißen Bohnen mit Acrylfarben und lasse die Farbe gut trocknen.

4. Bepinsel den Rücken deiner Käfer mit etwas Kleber und streue Glitzer darauf. Die Augen malst du mit einem weißen Marker auf. Mit dem schwarzen Marker entstehen die Pupillen.

5. Umfahre dann das Innenteil der Schachtel auf einem Filzrest mit Bleistift und schneide das Stück aus.

6. Lege das Filzstück zusammen mit deinen Glückskäfern in die Schachtel. Auf Seite 135 findest du die Kopiervorlagen zum Ausschneiden für Faltkarten mit Glücksnachricht und Aufschriften der Schachteln.

*Tipp: Zerschneide auch noch einen Teil des Filzes in kleine Stückchen und lege diese in die Schachtel, bevor du die Käfer hineinlegst. So haben sie es ganz weich und gemütlich.*

DU BIST EINFACH DUFTE!
DU BIST EINFACH DUFTE!

# MMMH, WIE DAS DUFTET!

*Diese Raumduftanhänger aus Stoffresten und Kaltporzellan sind nicht nur dekorativ, sondern auch ein richtiges Wohlfühlgeschenk.*

***Das brauchst du:***

- ✓ Natron (1 Tasse)
- ✓ Speisestärke (½ Tasse)
- ✓ Wasser (¾ Tasse)
- ✓ Holzleim (1 EL)
- ✓ kleinen Topf
- ✓ Holzbrett
- ✓ Nudelholz
- ✓ Holzperlen
- ✓ Schnur/Garn
- ✓ Acrylfarben
- ✓ Löffel
- ✓ Pinsel
- ✓ Zickzackschere
- ✓ ätherisches Öl
- ✓ Stoffreste, z. B. alte Kleidung
- ✓ Trinkglas
- ✓ Flaschenkorken
- ✓ Schaschlikspieß
- ✓ Vorlage von Seite 135
- ✓ optional: Gemüsenetze

1. Vermische Natron, Speisestärke und Wasser in einem kleinen Topf. Bringe das Ganze unter Rühren zum Kochen und lasse es köcheln, bis ein fester Klumpen entsteht. Lasse ihn abkühlen und knete dann den Holzleim hinein.

2. Rolle den entstandenen Teig aus, bis er ca. 0,5 cm dick ist, und stich mithilfe eines Glases Kreise aus.

3. Bohre nun mit einem Schaschlikspieß jeweils ein Loch in die Mitte der Teigkreise. Lege sie zum Trocknen über Flaschenkorken und forme die Kreise so, dass sie wellig werden.

4. Schneide aus den Stoffresten dünne Streifen. Wenn du eine Zickzackschere verwendest, franst der Stoff an der Schnittkante nicht so schnell aus. Du kannst auch Gemüsenetze oder alte Kleidung zerschneiden.

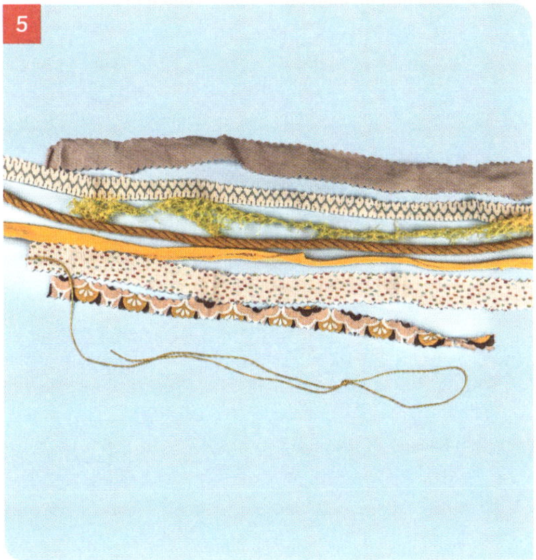

5. Lege die Stoffstreifen nebeneinander. Knote eine Schlaufe in ein Stück Schnur und binde die Stoffreste mittig zusammen.

6. Wickle als Nächstes die Schnur um die gefalteten Stoffstreifen, wie auf dem Bild zu sehen, und verknote sie fest.

7. Nun kannst du das Kaltporzellan bemalen. Wenn alles trocken ist, steckst du die Schlaufe der Schnur durch das kleine Loch und fädelst noch eine Perle auf.

8. Beträufle das Kaltporzellan unbedingt auf der Unterseite mit deinem Wunsch-Duftöl, um unschöne Flecken zu vermeiden. Kopiere die Vorlage für den Anhänger auf Seite 135, schneide ihn aus und klebe ihn oben an den Stoffknubbel.

**Weißt du, welche Gerüche glücklich machen? Das sind Düfte wie Vanille, Zitrus, Bergamotte und Lavendel. Alle diese Duftnoten lösen auf unterschiedliche Art und Weise Glücksgefühle in uns aus.**

Tipp: Die Anleitung zu dem coolen Dosenelefanten findest du in meinem Bastelbuch »Happy Faces«

# GLÜCK KANN MAN NIE GENUG HABEN …

… deshalb verschenken wir viele bunte Glückskarten!

**Das brauchst du:**

- ✓ Wasserfarben
- ✓ Pinsel
- ✓ alte Zeitung
- ✓ Kopiervorlagen von Seite 134 und 135
- ✓ kleiner Herzstanzer
- ✓ Klebestift
- ✓ Bleistift
- ✓ bunte Papierreste
- ✓ festes weißes Papier
- ✓ Schere
- ✓ Filzstifte oder Marker

1. Kopiere das Herz von Seite 134, schneide es aus und umfahre es mit einem Bleistift auf einem Stück Zeitung. Schneide insgesamt 4 Zeitungsherzen aus.

2. Klebe die Herzen jeweils nur an ihrer Spitze auf ein festes Papier, sodass ein Kleeblatt entsteht. Stanze mit einem Herzstanzer ein kleines Herz aus.

3. Male das entstandene Kleeblatt nun mit Wasserfarbe an. Achte darauf, viel Farbe und wenig Wasser zum Malen zu benutzen. Wenn alles getrocknet ist, klebst du das kleine Herz in die Mitte des Kleeblattes.

4. Male noch einen Stiel dazu. Zum Schluss kopierst du die Textvorlagen von Seite 135, schneidest deinen gewünschten Spruch aus und klebst ihn auf die Karte. Natürlich kannst du den Text auch in deiner eigenen Handschrift schreiben.

# GESCHENK-ANHÄNGER, -VERPACKUNGEN & CO.

# AUF DIE TÜTEN ... FERTIG ... LOS!

Bestimmt finden sich bei dir zu Hause ein paar alte Papiertüten. Bloß nicht wegwerfen – daraus lassen sich ratzfatz witzige Geschenkverpackungen basteln.

***Das brauchst du:***

- ✓ alte Papiertüte
- ✓ Acrylfarbe
- ✓ Kleber
- ✓ Klebepunkte oder Kreisstanzer
- ✓ Washitape
- ✓ ein Stück Papier
- ✓ Pinsel
- ✓ Pompon
- ✓ Schere
- ✓ Bleistift
- ✓ alte Buchseite
- ✓ Marker

1

2

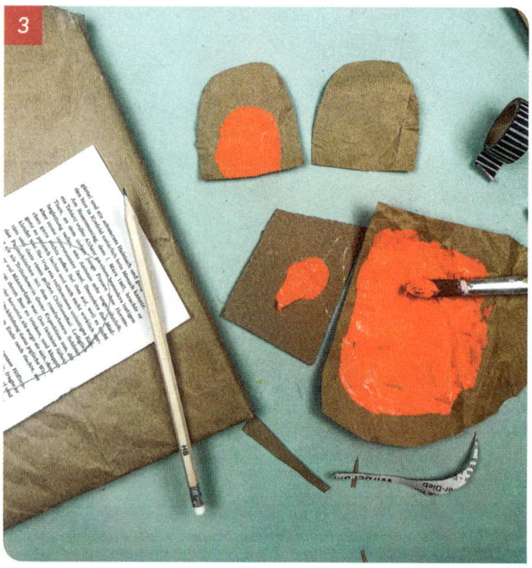

3

4

5

1. Schneide eine alte Papiertüte auf und verpacke dein Geschenk so, dass die bedruckte Seite innen ist.

2. Mache dir Skizzen von deinen Lieblingstieren, so wie die Verpackung am Ende aussehen soll. Verwende als Gesichtsform die Form des eingepackten Geschenkes. Male die Tütenreste farbig an, damit du sie später noch zurechtschneiden kannst.

3. Zeichne die Formen für Nase, Ohren und Bäckchen auf und schneide sie aus.

6

4. Klebe die Einzelteile zu einem Gesicht auf die Geschenkverpackung.

5. Für die Augen kannst du Klebepunkte verwenden, sie mit einem Kreisstanzer ausstanzen oder einfach mit der Schere ausschneiden.

6. Male schließlich noch Schnurrhaare, Nase und Mund darauf. Du kannst auch den Pompon als Nase aufkleben.

**Tipp: Zu diesen witzigen Tierverpackungen passen perfekt die Bärchen-Geschenkanhänger von Seite 118–121.**

# ALTPAPIER IM NEUEN GLANZ!

Auch aus alten Zeitschriften können viele tolle Upcycling-Bastelprojekte entstehen, so wie diese schicken Geschenkschleifen.

***Das brauchst du:***

***Für Geschenkschleifen:***

- ✓ alte Zeitschriften
- ✓ Lineal
- ✓ Schere
- ✓ Bleistift
- ✓ Kleber
- ✓ ein Stück Alufolie
- ✓ Pompons
- ✓ Wollreste
- ✓ optional: Perlenmarker

***Für die Koala-Geschenkverpackung:***

- ✓ alte Zeitung
- ✓ schwarze Acrylfarbe
- ✓ Pinsel
- ✓ weiße Wachsmalkreide
- ✓ Klebepunkte

1. Suche dir aus einer alten Zeitschrift eine bunte Seite heraus. Lege das Blatt quer vor dich hin und zeichne mithilfe des Lineals mehrere Linien im gleichen Abstand.

2. Schneide die Papierstreifen entlang der Linie aus. Für große Schleifen benötigst du lange Streifen, für kleine Schleifchen schneidest du die Streifen in der Mitte durch.

3. Klebe die Enden der Streifen so zusammen, dass lauter Kreise entstehen.

4. Nun klebst du die Kreise in der Mitte zusammen, sodass sie die Form von Achten bekommen. Diese klebst du dann mittig übereinander.

5. Für die Koala-Verpackung bemalst du ein Stück Zeitung flächig mit schwarzer Acrylfarbe. Wenn diese getrocknet ist, kritzelst du mit weißer Wachsmalkreide kreuz und quer darüber - so entsteht eine schöne Struktur.

6. Verpacke dein Geschenk mit dem bemalten Papier, klebe noch Ohren an und male oder klebe ein Koalagesicht.

Tipp: Diese Papierschleifen kann man ganz wunderbar auf Vorrat basteln. So hast du für jedes Geschenk immer eine selbst gebastelte Schleife parat.

# GESTEMPELTE GESCHENKANHÄNGER

*Mit diesen putzigen Bärchen-Anhängern wird jedes Geschenk zum Hingucker.*

***Das brauchst du:***

- ✓ Pappe (z. B. von einer Müslipackung)
- ✓ leere Klopapierrolle
- ✓ Washitape
- ✓ Korken
- ✓ Lochzange
- ✓ Acrylfarben
- ✓ kleine weiße Klebepunkte
- ✓ Garn
- ✓ Wattestäbchen
- ✓ schwarzen Filzstift
- ✓ Kreide- oder Acrylmarker
- ✓ Schere

1

2

3

4

1. Gib einen Klecks Acrylfarbe auf auf ein Stück Pappe, tauche die Klopapierrolle darin ein, sodass der komplette Rand voller Farbe ist, und stemple mehrere Kreise auf ein großes Stück Pappe.

2. Stemple nun mit einem Korken jeweils einen großen Punkt in die Kreise. Mit einem Wattestäbchen malst du danach die Ohren der Bärchen.

3. Klebe die weißen Klebepunkte als Augen auf oder male sie mit einem weißen Marker.

4. Male die Gesichter fertig und schneide die Bärchen grob aus.

5. Stanze im Anschluss Löcher in die Anhänger und fädle jeweils ein Stück Garn hindurch.

6. Beklebe nun die Rückseite mit einem Stück Washitape, damit du die Namen der Beschenkten draufschreiben kannst.

7. Wenn du noch einen alten Comic herumliegen hast, kannst du auch Seiten davon als Geschenkpapier verwenden. Die Bärchen-Anhänger passen super dazu.

5

6

7

PAPA
GUSTI
DEC JAN
FRIDA
GRETA
ILLY
MAMA
OMA

# LUSTIGE GESCHENK-AUFPEPPER

*Mit diesen süßen Rentier-Anhängern zauberst du bestimmt jedem ein Lächeln ins Gesicht … und das sogar schon vor dem Geschenkeauspacken!*

***Das brauchst du:***

- ✓ Pappreste
- ✓ Bleistift oder Buntstift
- ✓ Acryl- oder Kreidemarker
- ✓ Wollreste
- ✓ Mini-Pompons
- ✓ Lochzange
- ✓ Erdnüsse
- ✓ Schere
- ✓ dünne Ästchen
- ✓ Heißkleber
- ✓ etwas Knete
- ✓ Zahnstocher
- ✓ optional: kleine Buchstaben-Stempel und Stempelkissen
- ✓ optional: Washitapes

1. Spieße die Erdnüsse auf die Zahnstocher und bemale sie mit deinen Lieblings-Acrylfarben.

2. Stecke die Erdnussspieße nun zum Trocknen in kleine Stückchen Knete und drücke diese gut fest.

3. Schneide dann ein Stück Pappe in deiner Wunschgröße aus und benutze dieses als Schablone, damit alle Anhänger gleich groß werden.

4. Kürze deine Ästchen so, dass sie wie ein Geweih aussehen und klebe sie, zusammen mit den Erdnüssen, mit Heißkleber auf dem Karton fest.

5. Klebe nun die Mini-Pompons als Nase auf und stanze jeweils oben in der Mitte ein Loch in die Pappen. Wenn du möchtest, kannst du sie mit Washitapes am Rand verzieren.

5

6

7

6. Jetzt kannst du den Rentieren Gesichter aufmalen und die Namen der Beschenkten draufstempeln. Wenn du keine Stempel hast, schreibe sie einfach handschriftlich darauf.

7. Fädle noch ein Stück Wolle zum Aufhängen durch die Löcher … und schon sind deine Geschenkanhänger fertig!

# 2-IN-1-GESCHENK

*Diese Grußkarte mit Blumenbild macht auch an der Wand einiges her.*

***Das brauchst du:***

- ✓ leeren Milchkarton
- ✓ etwas Pappe (z. B. Versandkarton)
- ✓ Schaschlikspieß
- ✓ Kleber
- ✓ Pompons
- ✓ kleine Ästchen
- ✓ Wollreste
- ✓ Schere
- ✓ Kreide- oder Acrylmarker
- ✓ Lochzange (optional)
- ✓ Garn (optional)
- ✓ Papier (optional)

1. Schneide Kreise aus einem Stück Pappe aus, bestreiche sie mit Kleber und klebe die Wolle in Form einer Spirale rundherum auf. Der Schaschlikspieß hilft dir dabei, die Wollfäden zu verschieben.

2. Wasche den Milchkarton gut aus und schneide kleine Blütenblätter aus. Ordne anschließend alles auf einem Stück Pappe an.

3. Achte darauf, dass die silberne Beschichtung des Milchkartons nach oben zeigt und klebe die Einzelteile fest. In die Mitte deiner Blume kommt ein Pompon.

4. Schneide alle Ecken der Pappe ein wenig ein und wickle die Wolle von Einkerbung zu Einkerbung, so erhältst du einen Rahmen. Breche oder schneide die Ästchen in die gewünschte Länge und klebe sie auf.

5. Stanze jetzt zwei kleine Löcher oben rechts und links in die Pappe und befestige einen Wollfaden oder Garn daran.

6. Nimm ein Stück Papier, lege dein fertiges Bild darauf, umfahre es mit einem Bleistift und schneide es aus. Nun kannst du eine Nachricht darauf schreiben und diese von hinten auf das Bild kleben.

Tipp: Wenn du deine Karte ein wenig kleiner machst als einen Briefumschlag, kannst du sie auch per Post verschicken. Dann solltest du aber auf den Pompom in der Mitte verzichten.

20

# HEY! BEI DIR PIEPT'S JA...

Aus leeren Klopapierrollen und nur wenig mehr kannst du diese pfiffigen Vögelchen-Geschenkanhänger basteln, die außerdem noch Platz für zusätzliche kleine Überraschungen bieten.

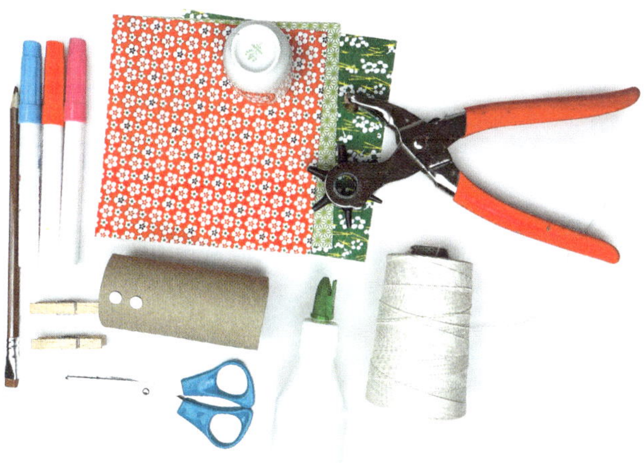

***Das brauchst du:***

- ✓ leere Klopapierrolle
- ✓ Bleistift
- ✓ Filzstifte
- ✓ gemustertes Papier
- ✓ Eierbecher oder Kreisstanzer
- ✓ kleine Wäscheklammern
- ✓ Schere
- ✓ Kleber
- ✓ Lochzange
- ✓ Garn
- ✓ optional: kleine weiße Klebepunkte

1. Schneide mithilfe des Eierbechers und Bleistifts einen Kreis aus gemustertem Papier aus oder stanze ihn mit einem Kreistanzer aus, falls vorhanden. Drücke die Kante auf einer Seite der Klopapierrolle etwas nach innen.

2. Klebe den größten Teil des gemusterten Kreises auf die Klopapierrolle und schneide den überstehenden Teil ab. Schneide zwei Flügel aus dem gemusterten Papier aus. Bemale die kleinen Klammern mit Filzstiften.

3. Knicke dann einen schmalen Streifen der Flügel nach hinten, damit eine kleine Klebefläche entsteht, und klebe sie links und rechts an die Klopapierrolle. Male dem Vogel ein Gesicht auf und stanze ein Loch in das obere Stück der Papprolle.

4. Nun kannst du dein Vögelchen mit Kleinigkeiten befüllen und als Geschenkanhänger verwenden.

HAPPY

So benutzt du diese Vorlagen:
Vorlage kopieren und grob ausschneiden. Auf ein Stück dünne Pappe kleben und dann jeweils an der Linie mit dem Scheresymbol genau ausschneiden

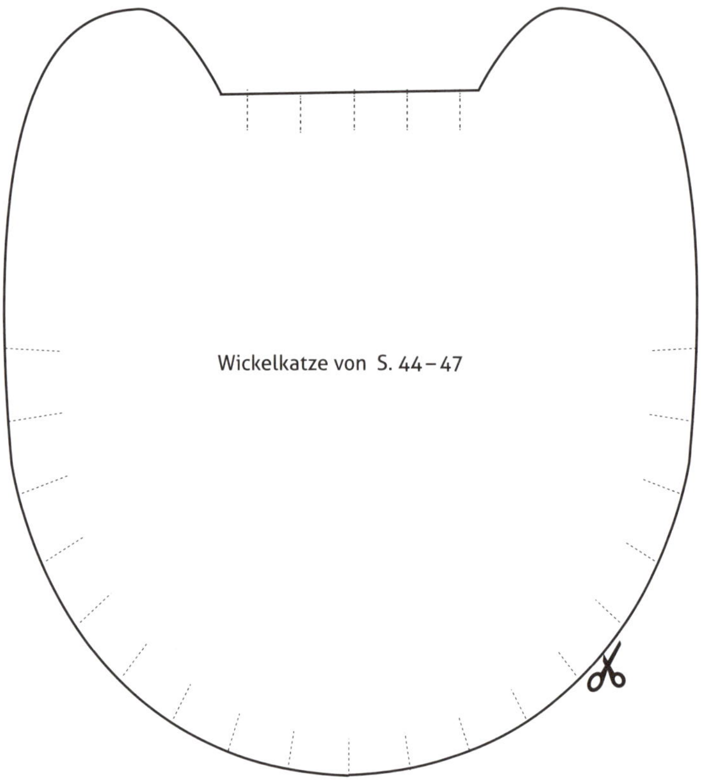

Wickelkatze von S. 44–47

Namensschild für Hund und Katze von S. 44–47

Kleeblatt-Glückskarte von S. 104–107

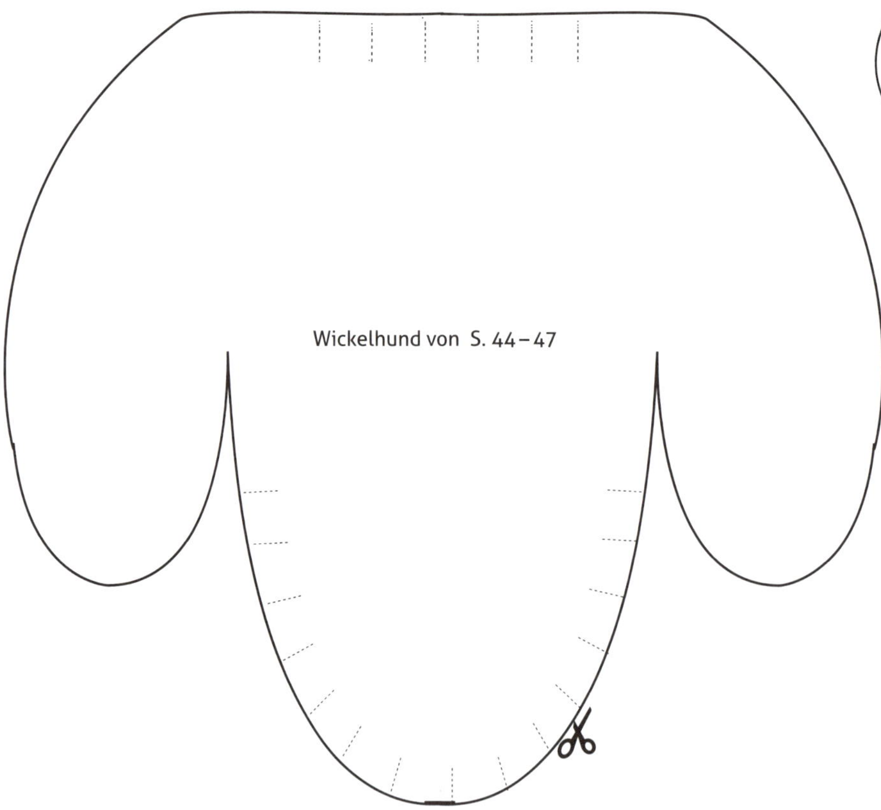

Wickelhund von S. 44–47

Türschilder von S. 44–47

*Ganz viel Glück!*

*Ich wünsche dir Glück!*

Diese Glückskäfer bringen dir ganz viel Glück

Eine extra Portion Glück für dich!

GANZ VIEL GLÜCK!

Vorsichtig bissig!

Vorsichtig öffnen!

Glücksschwein-Dose von S. 88 – 91

Glückskäfer von S. 96 – 99 Jeweils obere und untere Vorlage zusammenkleben, sodass die bedruckte Seite außen ist, dann an gestrichelter Linie falten.

Ich hab dich lieb!

Bleib gesund!

Sonnige Grüße!

Du bist toll!

Ich schenk dir einen Sonnenschein!

Spruchauswahl für Sonnengruß von S. 28 – 31

FRIENDS FOREVER

Freundschaftsketten von S. 82 – 85

*Eine Blumenwiese* für dich ganz allein!

Blumenwiese von S. 74 – 77

DU BIST EINFACH DUFTE!

Raumduft-Anhänger von S. 100 – 103

# ÜBER DIE AUTORIN

***Hallo, ich bin Yvonne!***

Von Beruf bin ich Grafikdesignerin/Illustratorin und liiieeeebe es, mit Kindern kreativ zu sein. Meistens tue ich das mit den Grundschulkindern einer Münchner Montessorischule. Das ist auch der Ort, der mich am meisten inspiriert, denn Kinder haben oft die tollsten Ideen.

Am allerliebsten bastle ich mit Dingen, die eigentlich weggeworfen werden.

Klopapierrollen, Tetrapaks und Schraubdeckel sind meine absoluten Ober-Lieblingsmaterialien.

Das Beste an diesen Materialien ist, dass man sie immer zuhause hat, sie nichts kosten und es auch noch nachhaltig ist, mit ihnen zu basteln.

Mit meiner Familie (1 Mann, 2 Kinder, 1 Hund) lebe ich in München und sprudle meist fast über vor Ideen.

Dieses ist nun das 2. Bastelbuch, das ich veröffentliche, und ich freue mich mega, meine Ideen mit euch zu teilen.

autorenfoto - Y.Skovronek.j

# IMPRESSUM

Autorin: Yvonne Skowronek
Fotos & Styling: Yvonne Skowronek
Produktmanagement: Svenja Wiglinghaus
Lektorat: Susen Truffel-Reiff
Layout: Marcus Taeschner, A flock of sheep
Korrektorat: Mareike Weber
Umschlaggestaltung: Mathias Frisch
Repro: LUDWIG:media
Herstellung: Julia Hegele
Printed in Poland by CGS Printing

Unser komplettes Programm finden Sie unter
www.christophorus-verlag.de

★★★★★

**Sind Sie mit diesem Titel zufrieden? Dann würden wir uns über Ihre Weiterempfehlung freuen.** Erzählen Sie es im Freundeskreis, berichten Sie Ihrem Buchhändler oder bewerten Sie bei Onlinekauf. Und wenn Sie Kritik, Korrekturen, Aktualisierungen haben, freuen wir uns über Ihre Nachricht an:
Christophorus Verlag,
Postfach 40 02 09, D-80702 München oder per E-Mail an lektorat@verlagshaus.de

Herstellernachweis: Vielen Dank an Rico Design, www.rico-design.com, für die Bereitstellung der Materialien.

Alle gezeigten Modelle, Illustrationen und Fotos sind urheberrechtlich geschützt. Eine gewerbliche Nutzung ist untersagt. Dies gilt auch für eine Vervielfältigung bzw. Verbreitung über elektronische Medien. Autorin und Verlag haben alle Angaben und Anleitungen mit größtmöglicher Sorgfalt zusammengestellt. Dennoch kann bei Fehlern keinerlei Haftung für direkte oder indirekte Folgen übernommen werden. Stoffe, Materialien und Modelle können von den jeweiligen Originalen abweichen. Die bildliche Darstellung ist unverbindlich.

Nachhaltigkeit ist uns wichtig! Mit diesem Buch unterstützen Sie eine ökologische Produktion. Wir verwenden FSC-zertifizierte Papiere, drucken mit mineralölfreien Druckfarben, verzichten auf das Einschweißen in Plastikfolie und achten auf kurze Transportwege.

**Einfach nachhaltig**

Sollte dieses Werk Links auf Webseiten Dritter enthalten, so machen wir uns die Inhalte nicht zu eigen und übernehmen für die Inhalte keine Haftung.

Die Deutsche Nationalbibliothek verzeichnet diese Publikation in der Deutschen Nationalbibliografie; detaillierte bibliografische Daten sind im Internet über www.dnb.de abrufbar.

© 2024 Christophorus Verlag
in der Christian Verlag GmbH, München
Infanteriestraße 11a
80797 München

Alle Rechte vorbehalten

ISBN 978-3-8411-0300-0

FSC www.fsc.org MIX Papier | Fördert gute Waldnutzung FSC® C111616

**Kreativ-Service**

Sie haben Fragen zu unseren Büchern und Materialien? Wir beraten Sie gern rund um alle Kreativthemen. Rufen Sie uns einfach an. Wir interessieren uns auch für Ihre eigenen Ideen und Anregungen. Sie erreichen uns per E-Mail kreativ-service@c-verlag.de oder unter der Telefonnummer 0049-89-1306 99 577.

Besuchen Sie uns im Internet: www.christophorus-verlag.de & www.selbstgemacht.de